AF391351

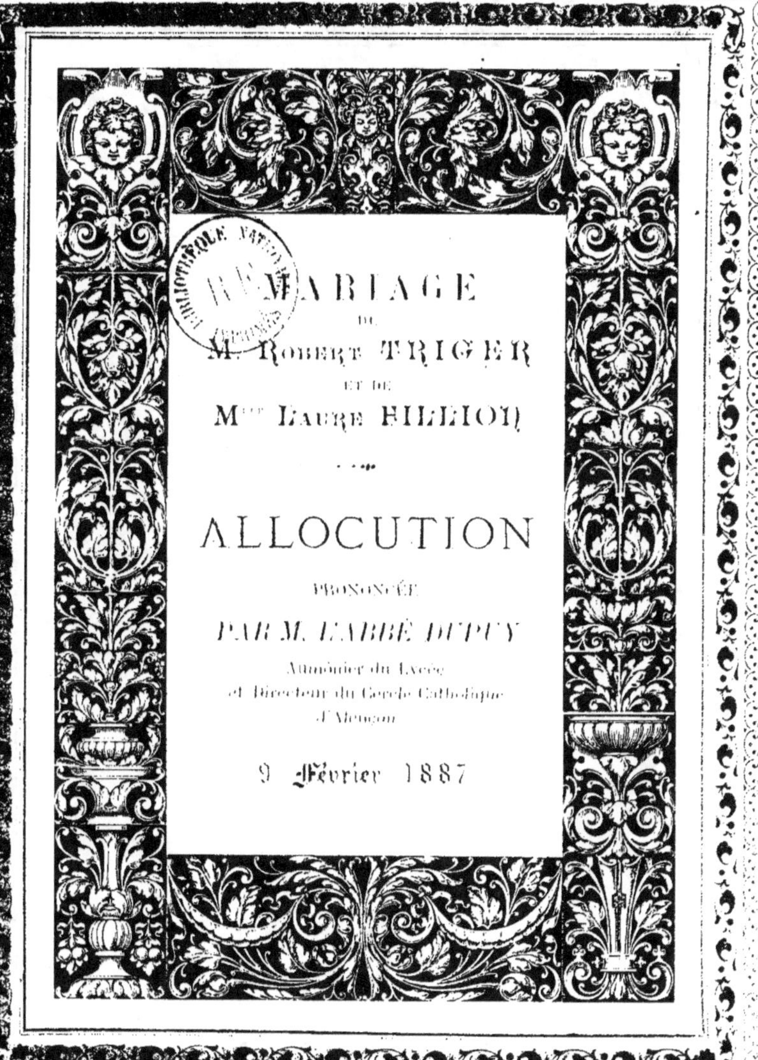

MARIAGE
DE
M. Robert TRIGER
ET DE
Mlle Laure FILLION

ALLOCUTION
PRONONCÉE
PAR M. L'ABBÉ DUPUY
Aumônier du Lycée
et Directeur du Cercle Catholique
d'Alençon

9 Février 1887

E mariage de Monsieur ROBERT-GUSTAVE-MARIE TRIGER, docteur en droit, conseiller d'arrondissement, et de Mademoiselle MARIE-ISABELLE-LAURE FILLION a été célébré le mercredi 9 février 1887, en l'église métropolitaine de Tours, par M. l'abbé DUPUY, aumônier du Lycée et directeur du Cercle Catholique d'Alençon, en présence de Monsieur l'abbé SOREAU, chanoine titulaire, archiprêtre de la Métropole, de Monsieur l'abbé BRUN, chanoine honoraire, curé de Saint-Saturnin de Tours, de Monsieur l'abbé ALLÉGRET, curé de Saint-Avertin (Indre-et-Loire), de Monsieur l'abbé ROULIN, curé de Congé-des-Guérets (Sarthe) (1), de Monsieur l'abbé MEUNIER et de Monsieur l'abbé FOURRÉ, vicaires de Saint-Gatien de Tours.

(1) Monsieur l'abbé MOULINET, curé de Douillet-le-Joly (Sarthe), retenu par une grave maladie, n'a pu, au grand regret de tous, assister à la bénédiction nuptiale.

4

Étaient présents au cortège :

Monsieur GUSTAVE TRIGER, directeur des Postes et Télégraphes en retraite, et Madame GUSTAVE TRIGER ;

Monsieur et Madame A. FILLION.

Monsieur ADRIEN LE BRUN, inspecteur des Forêts en retraite ;

Monsieur RENÉ DESNOYERS, auditeur de 1re classe au Conseil d'État,

Témoins de Monsieur Robert TRIGER.

Monsieur ALBERT CHALEIL,

Monsieur le docteur CHARLES MOREAU,

Témoins de Mademoiselle Laure FILLION.

Madame LE BRUN ; Madame DE VAUBLANC ; Monsieur MARCEL LE BRUN ; Mademoiselle HÉLÈNE DE VAUBLANC ; Monsieur DE RINCQUESEN, maire de Douillet-le-Joly (Sarthe) ; Monsieur F. GUÉRIN, conservateur de la Bibliothèque du Mans, officier d'Académie ; Monsieur ALBERT BONVALLET, ancien officier au régiment des Zouaves Pontificaux ; Monsieur ADRIEN GRANGEZ DU ROUET, lieutenant au 26me régiment d'artillerie ; Monsieur HENRI BACHELIER ; Monsieur PAUL VERDIER ; Monsieur PAUL

RIBADIEU, avocat à la Cour d'Appel de Paris, sous-lieutenant de réserve au 13ᵐᵉ régiment d'artillerie ; Monsieur CHARLES CHAPRON, avocat à la Cour d'Appel de Paris, sous-lieutenant de réserve au 31ᵐᵉ régiment d'artillerie ;
Parents et amis de M. Robert TRIGER.

Madame FILLION ; Monsieur BIENVENU, ancien président du Tribunal de Commerce de Tours, et Madame BIENVENU ; Mesdemoiselles MARIE et ALICE MOREAU ; Mesdemoiselles JEANNE et CÉCILE CHALEIL, et Monsieur ANDRÉ CHALEIL ; Monsieur et Madame NIORET ; Monsieur et Madame ROUGÉ ; Monsieur et Madame J. BIENVENU ; Monsieur RENÉ BIENVENU ; Mademoiselle MARTHE NIORET ; Monsieur et Madame CONSTANT ; Mademoiselle THÉRÈSE CONSTANT ; Mademoiselle DUMAINE et Monsieur DUMAINE ; Monsieur et Madame BERARD, Mademoiselle MARIE - CHARLOTTE BERARD ; Madame GUILLAUME, Mademoiselle MARGUERITE GUILLAUME ;
Parents et amis de Mademoiselle Laure FILLION.

LE mariage est un des grands actes de la vie, et celui dont les conséquences ont une plus haute et plus légitime importance. Aussi partout le trouvons-nous environné de cérémonies touchantes et solennelles, où parents et amis s'empressent de faire cortège aux époux, afin de cimenter leur union par leur présence et leurs vœux. Tel est l'acte que vous accomplissez en ce moment.

Déjà vos engagements sont pris devant la Société ; déjà un contrat civil a stipulé les avantages matériels que vous vous faites réciproquement, et placé vos droits respectifs sous la garantie des lois humaines. Aux yeux de certaines gens tout serait terminé. Mais, pour les vrais chrétiens, il n'y a point de mariage tant que Dieu lui-même n'a pas reçu

8

et béni leurs serments. Aussi, comme les fidèles époux de l'Évangile, comprenant que le plus sûr moyen de rendre vos noces heureuses était d'y inviter le Seigneur Jésus, vous voici au pied des autels pour vous jurer cette foi que déjà vos cœurs se sont promise, et appeler sur votre nouvel état les grâces du Sacrement.

C'est à Dieu, en effet, de préparer, de consacrer, de féconder le mariage de ses enfants.

Voyez, dans l'Eden, quand le Créateur interrompt son mystérieux recueillement pour se dire : « *Il n'est pas bon que l'homme soit seul !* », lui-même choisit et façonne de ses mains divines une épouse à Adam ; lui-même la présente à son cœur ravi, proclamant ainsi que c'est à lui de préparer de telles alliances. Depuis cette heure mémorable, pendant que chaque être humain grandit dans des conditions si diverses, Dieu touche les fibres intimes de son âme, il y dépose certains goûts, certains sentiments, certaines affinités secrètes qui se révéleront au moment marqué par sa Providence. Une circonstance arrive où deux âmes, destinées à s'unir, se rencontrent dans l'immensité du temps et de l'espace, à travers les chances innombrables de la création, se reconnaissent, pour ainsi dire, et, après un regard, comme si elles se fussent donné rendez-vous de toute éternité, se lient par une préférence réciproque qui les honore et met en branle les joies les plus élevées du cœur.

Ainsi nous apparaissez-vous tous deux. Dans la sincérité et l'ardeur de vos âmes, vous avez prié Dieu pour savoir sa volonté ; et Dieu a répondu par la voix de vos parents, par cette belle convenance de principes, de sentiments, de familles, par votre mutuelle affection, par un ensemble de choses qui portent visiblement le cachet providentiel. Pourquoi la pensée de ce mariage ne serait-elle pas descendue du Ciel ? Votre famille, Mademoiselle, y possède un de ses membres qui fut son honneur et l'une des gloires de l'Église du Mans, le doux et saint Pontife tant aimé et regretté de ses diocésains (1). S'il vous chérissait tous à si juste titre, je sais aussi quelle affectueuse estime lui inspirait cette autre famille où vous entrez, et quel fréquent appui pour ses pieuses Œuvres il se plaisait à demander au zèle des vénérables aïeules qui ne sont plus (2). Il me semble

(1) Monseigneur Charles Fillion, évêque du Mans de 1862 à 1874.

(2) Madame Trotté de la Roche, née Caroline Rigault de Beauvais, décédée au Mans le 6 juillet 1881, dans sa quatre-vingt-neuvième année, et Madame Charles Thoré, née Adèle-Caroline Le Brun, décédée au Mans le 13 octobre 1878, dans sa soixante-troisième année, présidente de l'Œuvre des Églises Pauvres.

que, tous ensemble réunis dans le sein de Dieu, ils ont voulu, en inspirant cette union, continuer par vous deux le bien qu'ils faisaient sur la terre. On m'a dit, Mademoiselle, que Monseigneur Fillion revivait dans votre grâcieuse bonté et votre vive intelligence : que n'est-il à ma place aujourd'hui ! avec quelle effusion il confierait la chère enfant à un époux si digne d'elle, et de quel joyeux cœur les bonnes grand'mères accueilleraient leur petite-fille ! mais, ce qu'ils ne peuvent plus visiblement ici-bas, j'en suis sûr, tous le font du Ciel en ce moment avec une plus puissante efficacité.

Si Dieu a préparé votre union, il le faut appeler maintenant pour qu'il la consacre.

Qui peut s'assurer de rester debout sur cette terre, s'il n'est béni de Dieu ? Sans doute, vous apportez ici cet amour mutuel et nécessaire qui vous incline l'un vers l'autre ; mais hélas ! de lui-même braverait-il le temps, le temps qui amène la lassitude et le désir du changement, et qui a pour cortège les rides, les infirmités, la maladie ? Saura-t-il inspirer tous les actes généreux, tous les petits sacrifices que suppose la continuité de la vie conjugale ? Le mariage met aux mains des époux une coupe pleine de larmes autant que de joies, aussi faut-il que le véritable amour ne soit pas seulement une passion, mais une vertu ; et il ne sera vertu qu'en prenant sa source en Dieu. Tel est le but de Notre Seigneur en instituant le Sacrement de mariage. Par lui l'union des époux devient un signe qui exprime et une force qui confère la grâce surnaturelle de l'amour chrétien. « *Ce Sacrement*, dit saint Paul, *est un sublime symbole de l'union de Jésus-Christ et de l'Église* » ; il montre ainsi le modèle a reproduire. Voyez donc comment le Verbe divin aima les âmes : c'est pour les sauver qu'il s'incarne, qu'il s'étend sur la Croix dans une glorieuse immolation, et c'est de là qu'il les enfante à la vie divine. Le chrétien monte par lui à des hauteurs qui ne sont plus de la terre ; et lorsque deux enfants de l'Église reçoivent comme vous ce grand Sacrement, ils entrent dans le secret de Dieu même, pour tremper leur amour devant l'éternelle beauté du Christ qui en est l'arôme.

En ce moment, tous deux vous remplissez un rôle sacré. Prêtre de Jésus-Christ, je suis ici, grâce à une bienveillante délégation, comme un intercesseur et un témoin nécessaire ; mais, par une exception unique dans l'économie des choses divines, ce sont les époux qui sont les ministres du Sacrement. Tandis que vos mains vont s'unir et vos paroles se confondre dans une même harmonie : « *Oui, vous serez mon épouse ! Oui vous serez mon époux !* » vous créez le Sacrement ; et la grâce, entrant dans vos âmes bien préparées, y déposera cette provision de lumière et de force qui permet de suivre vaillamment jusqu'au bout l'âpre sentier du devoir. Comme cette pensée doit vous rassurer pour l'avenir ! Dieu, qui va bénir votre mariage, sera le fidèle soutien de sa fécondité et de ses joies ; et votre passé garantit la fidélité que vous saurez vous-mêmes lui garder.

Aimez-vous donc en Dieu et pour Dieu. Ayez pour fin principale votre sanctification réciproque, et, si le Seigneur répand sur votre union les bénédictions promises aux époux qui le craignent, n'élevez vos enfants que pour sa gloire. Aimez-vous, non-seulement parce que vous êtes faits l'un pour l'autre, mais parce que Dieu le veut, dans l'ordre et la mesure qu'il le veut.

Vous, mon cher ami, aimez votre épouse comme une compagne semblable à vous, que Dieu vous donne pour adoucir le rude chemin d'ici-bas. Sur son anneau nuptial, saint Louis avait fait graver une croix entourée de fleurs de lys et de marguerites, et sur cet emblème qui lui rappelait son royaume et son épouse, on lisait ces mots : « *Dieu, France, Marguerite ; hors cet anel n'ai point d'amour !* »

Ces trois mots seront aussi la devise et le mobile de votre vie entière. *Dieu*, que j'ai eu la joie de vous aider à connaître et à servir, et dont je ne crains pas de vous proclamer le chevalier sans peur et sans reproche. La *France*, que ses malheurs vous ont fait aimer d'un cœur si généreux et avec une intelligence déjà si éclairée sur ses besoins. Dans une sphère qui s'agrandira pour vous si le pays doit se relever, vous avez su, avec une juste et fière indépendance, aimer et défendre si bien les populations de nos contrées, en retracer les origines, les traditions et les mœurs avec une érudition si remarquée et si attrayante, que, dans leur bon sens reconnaissant, elles n'ont pas voulu d'autre Conseiller chargé de leurs intérêts. De tels débuts montrent que l'Église et la France peuvent compter sur vous. En ce point, du reste, vous prouvez que « *bon sang ne sait mentir* » et que vous continuerez pour le bien public une mère qui ne vit que par le cœur, et croirait avoir perdu sa journée si sa main droite n'avait semé çà et là quelque bienfait ignoré de sa main gauche ; un père qui, pendant une longue et difficile carrière, a su, par son noble caractère, son patriotisme intelligent, son dévouement au devoir professionnel, conquérir toujours l'estime et la confiance de ses chefs, puis mériter dans sa retraite les regrets persévérants et jusqu'aux larmes de ses subordonnés. Enfin *Mar-*

guerite, je veux dire *Laure,* qui est prête à tout quitter pour s'attacher à vous. Ce que vous avez été pour votre mère nous dit ce que vous donnerez à votre épouse, de tendres soins et de sage direction ; et c'est là ce qui verse un baume bien suave sur le cœur de parents, toujours attristés quand ils voient s'éloigner leur chère et unique enfant.

Pour vous, Mademoiselle, vous aimerez votre époux comme votre chef et votre appui ; vous répondrez à ses soins par vos attentions à lui plaire ; vous partagerez ses peines comme il partagera les vôtres ; vous les adoucirez par ces aimables prévenances plus particulièrement attachées au caractère et aux vertus de la femme. « *Son rôle,* a dit saint François de Sales, *ressemble à celui des Anges* » *gardiens ; elle peut conduire le monde, en ayant leur* » *patience, leur délicatesse, leur doux silence, leur vigilant* » *amour, leur continuelle prière* ». Ainsi réaliserez-vous la parole sacrée : « *Une bonne épouse double les jours de son mari en y répandant la joie* ». Vous trouverez tout ce qu'il faut pour cela dans votre naturel heureux et enjoué, dans votre parfaite éducation où l'on vous apprit si bien à joindre l'utile à l'agréable, dans cet attachement à la vie du foyer domestique, dans cette solide piété qui a les promesses de la terre et du Ciel ; enfin dans ces traditions d'honneur, de loyauté, d'activité, transmises par un excellent père, et par une mère en qui la modestie et la discrétion le disputent aux grandes qualités qui la distinguent. Entrez donc sans crainte dans votre nouvelle famille ; vous y trouverez, sans les perdre, toutes les tendresses de la vôtre. Oui, tous deux, marchez appuyés l'un sur l'autre, unis sur ces hauteurs de l'âme où fleurissent des affections toujours vives parce qu'elles viennent d'une source infinie. Et, s'il est vrai que « *l'amour n'a qu'un mot, et qu'en le disant toujours il ne le répète jamais* », je puis l'affirmer à mon tour : cet amour chrétien n'a qu'un but, se dévouer ; et en se donnant toujours il ne s'épuise jamais.

Parents et amis, qui venez accompagner devant Dieu ces deux époux, priez pour que leur union soit le touchant tableau de ces mœurs antiques où l'époux ne songeait qu'à faire le bonheur de son épouse, où l'épouse fidèle ne cherchait qu'à plaire à son époux, et plaçait ses plaisirs dans ses devoirs. Daigne le Ciel écouter nos vœux les plus sincères, et répandre sur eux ses plus abondantes bénédictions ! Puissiez-vous, époux chrétiens, toujours unis et toujours heureux par cette union, couler des jours sans nuage, vous voir renaître dans des enfants de qui vous recevrez les consolations que vous avez offertes à vos dignes parents ! Puisse le sang de Jésus-Christ, qui va couler sur ces autels, sanctifier vos liens, les rendre aussi doux qu'ils sont désormais sacrés et inviolables ! Puissiez-vous enfin, au terme de votre course vous retrouver unis par de là le tombeau, et vous continuer dans le Ciel cette amitié sainte que vous allez vous jurer au pied des autels !

9 *février* 1887.

Typographie de G. FLEURY et A. DANGIN, à Mamers (Sarthe).

www.ingramcontent.com/pod-product-compliance
Lightning Source LLC
LaVergne TN
LVHW020855200726
843508LV00003B/1211